Inhalt

Verbriefungen - Comeback eines totgesagten Finanzierungsinstruments?

Kernthesen

Beitrag

Fallbeispiele

Weiterführende Literatur

Impressum

Verbriefungen - Comeback eines totgesagten Finanzierungsinstrumen

Gerhard Dengl

Kernthesen

- Verbriefungen wurden für den Ausbruch der Finanzkrise mitverantwortlich gemacht. Konsequenterweise liegt der weltweite Verbriefungsmarkt seither auch darnieder.
- Eine immer schärfer werdende Regulierung, aber auch die zunehmende Vorsicht von Investoren ließen den Markt zeitweise austrocknen.
- Seit einigen Monaten werden aber wieder Tendenzen zur Erholung erkennbar. Es überrascht, dass dies so lange gedauert hat,

denn Verbriefungen erfüllen eine Schlüsselrolle in der modernen Finanzwirtschaft.
- Obwohl sie nun transparenter und einfacher werden sollen, scheint es aktuell so, dass der Verbriefungsmarkt auf absehbare Zeit nicht mehr das Niveau vor der Krise erreichen wird.

Beitrag

Was sind Verbriefungen?

Verbriefungen als Finanzinstrument und als Anlageform wird eine Mitschuld am Ausbruch der Finanzkrise zugeschrieben, die seit Herbst 2008 den ganzen Globus in Atem hält. Zwar trifft die Kritik beim genauen Hinsehen nur auf faule Immobilienkredite zu, die über das Vehikel der Verbriefung an den Mann gebracht wurden, aber trotzdem musste das Instrument selbst viel Schelte einstecken. Was sind Verbriefungen? Kurz gesagt, sind sie ein Weg für Unternehmen, darunter auch Banken, ihre laufenden Forderungen, zum Beispiel aus Kredit-, Handels-, Leasing- oder anderen Forderungen, zu refinanzieren. Zu diesem Zweck werden ganze Portfolien solcher Forderungen gebündelt und an eine Zweckgesellschaft verkauft. Damit erhält das Unternehmen sofort frisches Geld für die noch laufenden Forderungen. Die Zweckgesellschaft ihrerseits begibt kurzlaufende Anleihen, in der Regel Commercial Papers, um sich solange zu refinanzieren, bis die ursprünglichen Forderungen aus dem gekauften Portfolio tatsächlich zurückbezahlt wurden. Klappt alles wie geplant, hat jeder etwas davon:

- Das Unternehmen ist mit neuem Geld ausgestattet, das es in lohnendere Projekte investieren kann.
- Für die Zweckgesellschaft geht die Rechnung deshalb auf, weil der Erlös aus den Forderungskauf die Kosten für die begebenen kurzlaufenden Anleihen übersteigt
- Am Ende haben auch - und das wird gerne vergessen - natürlich auch die Investoren in die kurzlaufenden Anleihen etwas davon. Sie können ihr Geld kurzfristig zu attraktiven Zinsen parken. (1), (2)

Große Nachfrage war der Grund für den Erfolg von Verbriefungen

Bei der gesamten Diskussion um die stärkere Regulierung oder sogar die Abschaffung von Verbriefungen wird immer wieder ein Punkt nicht genügend berücksichtigt. Ein lebhafter

Verbriefungsmarkt ist aus einem modernen Finanzsystem kaum wegzudenken. Verbriefungen waren vor der Finanzkrise nicht etwa deshalb so erfolgreich, weil sie stumpf in den Markt gedrückt wurden, sondern weil die Nachfrage nach diesen Produkten immens war. In der Liste der potenziellen und tatsächlichen Investoren fehlte keiner. Verbriefungen wurden mit großem Interesse von quasi allen Marktakteuren mit Ausnahme von Privatpersonen gekauft: von Banken, Versicherungen, Pensionskassen, mittelständischen Unternehmen, Großunternehmen, Zentralbanken und Staaten. Man könnte sagen, dass alle Akteure mit Kapitalmarktzugang zu irgendeinem Zeitpunkt ein materielles Volumen an Verbriefungen gehalten haben. (8)

Was macht(e) Verbriefungen aus Anlegersicht so attraktiv?

Wenn ein Forderungsportfolio verbrieft wird, besteht die Möglichkeit, das Portfolio in risikoreichere und risikoärmere Tranchen zu unterteilen. Auf diese Weise ist es möglich, Investoren mit einem unterschiedlichen Risikoappetit anzusprechen. Konservative Investoren, zum Beispiel Versicherungen und Pensionskassen, investieren eher in risikoarme Tranchen; hier ist dann die zu erwartende Rendite gering. Aggressive Investoren, zum Beispiel Hedge Fonds, investieren in mittlere oder hohe Risiken; sie spekulieren dabei auf eine höhere Rendite. Auf dem Höhepunkt des Verbriefungsmarktes kurz vor Ausbruch der Finanzkrise war es, pauschal formuliert, jedem Investor möglich, zu jedem Zeitpunkt in genau dem Volumen Risiken einzugehen oder abzugeben, wie es die aktuelle Unternehmensstrategie erforderte. Gerade für Cash Pools von großen Mittelständlern und Großunternehmen waren Verbriefungen ein präferiertes Mittel, um die Liquiditätssituation des jeweiligen Unternehmens stabil zu halten. (9)

Was passiert, wenn Verbriefungen vom Markt verschwinden?

Falls Verbriefungen als Finanzinstrument verschwinden, haben zunächst diejenigen Unternehmen ein Problem, die bisher auf diese Finanzierungsform gesetzt haben. Sie sind dann gezwungen, weniger flexible Konstruktionen zu erwägen, wie zum Beispiel die Begebung von Mittelstandsanleihen oder die Inanspruchnahme von Konsortialkrediten. (4)Auch für die Anleger wird es schwieriger: Seit die Verbriefungsmärkte so gut wie ausgetrocknet sind, suchen sie nach neuen Möglichkeiten und müssen oft aus Mangel an Alternativen auf Schattenbanken ausweichen. Wer

Verbriefungen verbietet, verteuert oder anderweitig unattraktiv macht, um gerade die Banken zu beschneiden, vergisst vor allem Folgendes: Für Banken sind Verbriefungen nur eines von vielen Mitteln, sich zu refinanzieren, für Investoren aber gibt es kaum glaubwürdige Alternativen, kurzfristig gemäß ihrer Liquiditäts- oder Risikolage zu disponieren. Daher leiden vor allem die Investoren unter den wegbrechenden Verbriefungsmärkten. (6)

Bedeutung von Verbriefungen für die Banken und die Volkswirtschaft

Da Verbriefungen häufig von Banken angestoßen werden, ist es sinnvoll, den Nutzen von Verbriefungen für die Banken zu beleuchten. Verbriefungen sind zunächst einmal ein Weg zur Refinanzierung, das heißt, zum Einwerben von frischem Geld für bereits laufende Forderungen. In den Jahren kurz vor Ausbruch der Finanzkrise ist jedoch gerade in Europa noch ein zweiter Nutzen hinzugekommen, der stark an Bedeutung gewonnen hat: Da die Europäische Zentralbank (EZB) im Rahmen ihrer Offenmarktgeschäfte Verbriefungen als Sicherheit akzeptierte, kamen viele Banken auf die Idee, Verbriefungstransaktionen durchzuführen, bei denen sie ihre eigenen Verbriefungen zurückkauften, um sie im gleichen Atemzug bei der EZB als Sicherheit einzureichen. Was sich auf den ersten Blick umständlich anhört, war eine äußerst effiziente und kostengünstige Form der Refinanzierung. Unter dieser Konstruktion gab es keine wirklichen Verlierer:

- Die EZB hatte die Sicherheit, die sie forderte.
- Die Banken konnten sich über diese Konstruktion günstiger refinanzieren, als es über den Kapitalmarkt möglich gewesen wäre.
- Profitiert haben neben den Banken davon letztlich auch Unternehmen und Privatkunden, für die die Kredite günstiger wurden. (8)

Trends

Verbriefungen sollen für Banken unattraktiver werden

Mit der Absicht, den Bankenmarkt stärker zu regulieren und damit mittelfristig auch die Finanzmarktstabilität zu erhöhen, gehen die Bemühungen der Regulierungsbehörden dahin, Verbriefungen für Banken künstlich zu verteuern und sie so unattraktiv zu machen. Im Rahmen des aktuellen Regulierungspakets Basel III soll dies über eine Verschärfung der Liquiditätsanforderungen für Verbriefungen geschehen. Was auf den ersten Blick so aussieht, als würde es nur die Banken treffen, täuscht. Unternehmen können Verbriefungen jeweils nur in Kooperation mit Banken begeben. Wenn keine Bank mehr mitmacht, weil das Geschäft sich nicht lohnt, wird es auch für Unternehmen nicht länger möglich sein, ihre Forderungen zu verbriefen. Gut gemeint, ist daher leider nicht gut gemacht. Auch wenn klar ist, dass man gerade die Banken damit treffen will, werden stattdessen einerseits verbriefungswillige Unternehmen getroffen und andererseits die potenziellen Investoren, die sich nach alternativen - und das heißt weniger erprobten - Anlageformen umsehen müssen. (3)

Verbriefungen werden einfacher und transparenter

Bei all der fehlgeleiteten Kritik an Verbriefungen ist jedoch ein Punkt herauszugreifen, der tatsächlich den Kern des Problems trifft: Die spezielle Konstruktion von Verbriefungen macht es für den Investor intransparent, worin er investiert. Letztlich kann und muss er sich darauf verlassen, dass der Risikogehalt der Tranche, in die er investiert hat, angemessen ermittelt wurde. Genau das war in der Vergangenheit nicht immer der Fall. So wurden teilweise faule Immobilienkredite mit einem hervorragenden Rating versehen. So entstand der Eindruck einer mehr oder weniger sicheren Anlage. Dieses Manko wird nun aber tatsächlich durch stärkere Transparenzanforderungen behoben. (9)

Fallbeispiele

Anzeichen für Trendumkehr: Verbriefungen von Autoleasing- und Autokreditforderungen

Obwohl der Verbriefungsmarkt anscheinend darnieder liegt, gibt es Anzeichen für ein Wiederaufblühen. Verhältnismäßig erfolgreich haben sich im europäischen Raum Verbriefungen von Captives aus dem Automobilbereich gezeigt, beispielsweise die von VW oder BMW. Dadurch, dass diese Unternehmen häufig Verbriefungen einsetzen, haben sie bereits Quasi-Standards gesetzt, was Transparenz und Qualität angeht. Dazu kommt, dass noch nie ein Investor, der in diese Verbriefungen investiert hatte, Verluste eingefahren hat. Auto-Verbriefungen könnten eine Art Vorbildcharakter entwickeln für weitere Assetklassen. (5)

Commerzbank findet Investoren im Ausland

Das zweitgrößte deutsche Kreditinstitut platzierte jüngst erfolgreich eine synthetische Verbriefungstransaktion. Der Wermutstropfen: Nur ausländische Investoren ließen sich dafür gewinnen. In Deutschland ist die Zurückhaltung trotz fehlender Anlagealternativen immer noch sehr hoch. (7)

Weiterführende Literatur

(1) ABS zwischen neuem Investorenvertrauen, Regulierung und Zentralbankpolitik
aus Zeitschrift für das gesamte Kreditwesen 08 vom 15.04.2012 Seite 372

(2) Vergessene Ursachen der Banken- und Finanzkrise (1)
aus Zeitschrift für Wirtschafts- und Bankrecht, Heft 15/2012, S. 673

(3) Leverage Ratio schon im Fokus
aus Die Bank, Heft 09/2012, S. 40-47

(4) Eigenemission von Mittelstandsanleihen - Ein empirischer Kostenvergleich mit derKonsortialfinanzierung
aus Die Bank, Heft 09/2012, S. 40-47

(5) Verbriefte Anleihen sichern Absatz und Handel
Widersprüchliche Regulierung der Europäischen Kommission beeinträchtigt wichtige Refinanzierungsquelle der Automobilindustrie
aus Börsen-Zeitung, 08.09.2012, Nummer 174, Seite B5

(6) EU-Parlament regt Repo-Datenspeicher an
Legislative positioniert sich in Schattenbankendebatte - Für Nichtbanken sollen Normen der CRD IV gelten
aus Börsen-Zeitung, 14.09.2012, Nummer 178, Seite 5

(7) "Es gibt in Deutschland keine Fonds, die in ABS investieren" Commerzbank-Verbriefung findet Investoren im Ausland
aus Financial Times Deutschland vom 24.09.2012, Seite 17

(8) ABS as collateral for ECB loans to banks and the importance of a functioning securitisation market
aus Zeitschrift für das gesamte Kreditwesen 18 vom 19.09.2012 Seite 918

(9) Gegenwart und Zukunft der Verbriefung von Handels- und Leasingforderungsprogrammen
aus Zeitschrift für das gesamte Kreditwesen 18 vom 19.09.2012 Seite 934

Impressum

Verbriefungen - Comeback eines totgesagten Finanzierungsinstruments?

Bibliografische Information der deutschen Nationalbibliothek

Die Deutsche Nationalbibliothek verzeichnet diese Publikation in der deutschen Nationalbibliografie; detaillierte bibliografische Daten sind im Internet über http://dnb.d-nb.de abrufbar.

ISBN: 978-3-7379-0524-4

© 2015 GBI-Genios Deutsche Wirtschaftsdatenbank GmbH, Freischützstraße 96, 81927 München, www.genios.de

Alle Rechte vorbehalten. Dieses Werk ist einschließlich aller seiner Teile – z.B. Texte, Tabellen und Grafiken - urheberrechtlich geschützt. Jede Verwertung außerhalb der Grenzen des Urheberrechtsgesetzes bedarf der vorherigen Zustimmung des Verlags. Dies gilt insbesondere auch für auszugsweise Nachdrucke, fotomechanische

Vervielfältigungen (Fotokopie/Mikroskopie), Übersetzungen, Auswertungen durch Datenbanken oder ähnliche Einrichtungen und die Einspeicherung und Verarbeitung in elektronischen Systemen.